ACADÉMIE DES SCIENCES, AGRICULTURE, ARTS ET BELLES-LETTRES
D'AIX

SÉANCE DU 8 DÉCEMBRE 1884

DISCOURS DE RÉCEPTION

DE

M. GUSTAVE MOURAVIT

RÉPONSE

DE

M. DE SÉRANON

PRÉSIDENT DE L'ACADÉMIE

AIX
IMPRIMERIE J. NICOT, 16, RUE DU LOUVRE
1885

À la mémoire

de mon fils bien-aimé

Lucien-Jean-Louis-Gustave Mouravit

Mort à Aix, le 8 Novembre 1884.

Spes et in lacrymis

ACADÉMIE DES SCIENCES, AGRICULTURE, ARTS ET BELLES-LETTRES
D'AIX

SÉANCE DU 8 DÉCEMBRE 1884

DISCOURS DE RÉCEPTION

DE

M. GUSTAVE MOURAVIT

RÉPONSE

DE

M. DE SÉRANON

Président de l'Académie

AIX
IMPRIMERIE J. NICOT, 16, RUE DU LOUVRE
1885

DISCOURS

DE

M. GUSTAVE MOURAVIT

Messieurs,

En venant m'asseoir au milieu de vous, permettez-moi de vous dire l'embarras où je me trouve pour vous remercier de l'honneur que vous m'avez fait. Nul, sans doute, n'eut si peu des titres ordinaires qui justifient le don de vos suffrages. Il y a longtemps qu'un grand esprit académique avait posé la règle : « Aucun artisan même, dit-il, n'est agrégé à une société, ni n'a ses lettres de maîtrise, sans faire son chef-d'œuvre (1). » Or, je n'ai ni chef-d'œuvre, ni œuvre même à vous présenter ; car, je ne puis appeler de ce nom quelques pages écrites par un collectionneur de livres. Je ne suis, en effet, Messieurs, qu'un simple bibliophile ; mais, j'ose le dire, un bibliophile plus attaché aux trésors que peut renfermer un

---

(1) La Bruyère, Disc. à l'Ac.

livre qu'au livre lui-même, et qui a toujours été convaincu que les chercheurs ont leur rôle utile, plus efficace qu'on ne le pense communément, dans le mouvement des esprits vers les conquêtes de la science.

Et c'est là, Messieurs, je me le persuade, ce qui m'a valu l'honneur de vos suffrages. Mais, il faut l'avouer, c'est chose absolument nouvelle que cette flatteuse distinction en faveur d'un ami des livres. Voilà, certes, une innovation bien précieuse pour mes confrères en bibliophilie. J'y applaudirais volontiers et bien hautement, si je n'avais été appelé par votre Compagnie à en recueillir le bénéfice.

Je n'insiste pas, Messieurs; j'en ai dit assez pour que vous restiez persuadés de la sincérité de ma gratitude.

Certes, le savant que vos suffrages m'ont appelé à remplacer, était un esprit autrement militant. Votre Académie, s'inspirant d'un sentiment qui ajoute à ma dette de reconnaissance, n'a pas voulu me donner la succession d'un confrère dont les travaux auraient pu, par rapprochement, faire ressortir toute l'indulgence de votre choix. Mais cela, d'autre part, rend difficile à remplir la mission que j'ai de faire revivre devant vous un confrère voué à des études auxquelles je suis entièrement étranger. Heureusement, l'un des Membres les plus distingués de cette Académie, placé naguère dans une situation presque semblable, m'a tracé la voie. Il a su vous rendre, avec tous ses traits et dans un exact et fin modelé, la physionomie du docteur Payan. Je vais m'efforcer de suivre cet exemple, sans avoir l'espoir d'y réussir. En avouant mon insuffisance, mon dessein n'est pas seulement de me la faire pardonner ; il est surtout de sauvegarder la mémoire d'Emile Arnaud des hésitations de mon crayon et de l'incompétence de mes jugements.

Je suis heureux, Messieurs, de saluer, en M. Emile Arnaud, un enfant d'Aix (1). Il est vrai qu'il le fut tout-à-fait fortuitement et n'y passa guère que les premières années de son enfance. Son père, professeur estimé de l'Université, qui a laissé un petit ouvrage de mérite, devenu rare, sur les participes français, était originaire de Vaucluse, fils lui-même d'un ancien Administrateur de ce département (2). La famille de M. Arnaud appartenait, du reste, à la bourgeoisie la plus honorablement connue du département de Vaucluse ; je cite volontiers son oncle, le curé vénéré de la paroisse Sainte-Anne d'Apt (3), qui a emporté avec lui les regrets et l'affection de toute la ville. J'insiste sur ces attaches et ces origines de votre regretté confrère : elles nous apprennent sous quelles influences traditionnelles il a grandi, elles nous expliquent quelques-unes des rares qualités qu'il puisa, sans nul doute, à ces sources de la famille.

Son père, appelé du collège d'Aix au collège de Sisteron, passa à celui d'Apt. Il n'a plus quitté cette ville où il existe encore, ayant eu la douleur de survivre à ce fils qui l'a tant honoré. Puisse cet hommage, que votre Académie rend par ma bouche à une mémoire si chère, adoucir une de ces blessures que rien ne peut guérir !

---

(1) Emile-Louis-François Arnaud est né à Aix, le 28 août 1839. Sa famille était originaire de Cucuron.
(2) En l'an VIII.
(3) Avec le titre d'archiprêtre, de 1841 à 1860

C'est à Apt que le jeune Emile Arnaud acheva ses études et fit, avec résolution et une précoce sagesse, ces difficiles premiers pas dans la vie, qui engagent le plus souvent tout l'avenir. A l'âge de la dissipation et du plaisir, il était, lui, passionnément adonné aux sciences, et se délassait du labeur nécessaire par d'austères et difficiles études. C'est que, déjà, il avait pris rang dans le petit nombre de ceux qui se subordonnent tout entiers aux exigences du devoir et de la vocation. Lui aussi, Messieurs, il s'était dit qu'entre tous les biens dispensés par la Providence à chacun de nous, et dont nous sommes responsables, il y a cette flamme intellectuelle, destinée à la fois à nous guider et à éclairer nos semblables, et qu'il nous faut entretenir, accroître même, dans la mesure de notre suffisance. Bornerons-nous, de ce côté, nos efforts aux avantages que la culture de l'esprit procure dans le monde ? En ferons-nous le véhicule qui porte rapidement nos chances de fortune ou nos succès d'amour-propre ? Quelques âmes répondent résolument : non ! et ont ce que j'oserai appeler de plus nobles scrupules de conscience. Emile Arnaud fut de celles-là.

S'ouvrant deux routes, avec ce désintéressement absolu dont il a été loué au sein de cette Académie, il tourna ses efforts, d'une part, vers tout ce que les exigences professionnelles pouvaient lui imposer ; de l'autre, vers le développement de ses aptitudes pour les sciences naturelles.

Sa vie, dès l'entrée, eut donc cette double et parallèle direction que, jusqu'au dernier jour, il s'est attaché à lui conserver avec une égale et incessante activité.

Ayant à peine quitté les bancs de l'école, par ses habitudes studieuses, son caractère liant et sympathique, il se fit promptement remarquer.

Admis dans les bureaux de la mairie d'Apt, Emile Arnaud fut chargé de la direction du secrétariat (1). Il apporta, dans l'exercice de ses fonctions, cette exactitude et cette courtoisie qui l'ont plus tard distingué dans les situations diverses qu'il a occupées.

Tout en remplissant les devoirs de sa charge, il se livrait à l'étude du droit. Sans maître, grâce à un travail soutenu et à la justesse de son esprit, il arriva à acquérir des connaissances étendues et peu ordinaires ; et c'est par là qu'il lui a été donné, plus tard, de pouvoir aborder avec succès des fonctions judiciaires.

Mais, la tâche remplie, le tribut payé aux études destinées à lui assurer une position de fortune, avec quelle joie, avec quelle ardeur, Messieurs, Emile Arnaud se portait vers les travaux et les recherches où sa pente naturelle l'entraînait !

Dans le vaste domaine des sciences, il avait promptement fixé son choix : son esprit curieux, attentif, sagace, d'une activité que l'obstacle ne faisait qu'accélérer, alla tout droit à cette science, difficile et immense, qui demande aux vestiges, laissés dans les profondeurs de la terre, l'histoire des révolutions de notre globe. C'est là, comme dit le poète :

---

(1) Il devint le confident et l'ami du docteur Bernard, homme fort distingué, écrivain et poète, alors maire d'Apt. — Un peu plus tard, E. Arnaud se maria. C'était en 1867. Il épousa Mlle Mathieu, dont le père est connu comme historien de sainte Anne d'Apt. Il en a eu trois enfants.

C'est là, qu'admis au fond d'un antique mystère,
L'œil pense, avec effroi, voir la nature mère,
Dans les convulsions d'un douloureux tourment,
S'agiter, sous l'effort d'un long enfantement (1).

Mais ce n'est pas seulement l'histoire de ces convulsions qui attire la curiosité humaine : quelle entreprise Messieurs, de surprendre et de déterminer, à travers les obscurités accumulées par les siècles, les formes et les évolutions de la vie dans toutes les catégories des êtres, jusqu'à cette période dernière où l'homme, l'un des plus chétifs et des plus éphémères, est venu prendre le sceptre d'un empire dont la science recule tous les jours les bornes ! Emile Arnaud, quittant à peine les livres de ses maîtres, eut cette ambition de contribuer, pour sa part, à l'extension des conquêtes scientifiques. Les horizons sans limite d'une science compliquée et qui impose avec elle l'étude de tant d'autres sciences, n'effrayèrent point le jeune géologue.

Il n'était pas touché de cette flamme légère qui — signe particulier de notre temps — a fait éclore de tous côtés d'innombrables et inquiétantes milices d'amateurs : il était véritablement le savant de race que sollicite sans cesse le désir de résoudre les problèmes, de faire un pas nouveau dans la voie des sérieuses découvertes. Des maîtres de la science, M. le marquis de Saporta, M. Matheron, rencontrant dans leurs excursions Emile Arnaud, encore inconnu, furent surpris de trouver en ce jeune

---

(1) A. CHÉNIER, *Hermès*, fragment du 1er chant.

initié, en « cet apprenti géologue, » des connaissances si sûres, un zèle aussi éprouvé, surtout ce « sens exquis, ce flair du naturaliste » (j'emprunte les expressions mêmes de l'un de ces illustres juges) qui pronostiquaient déjà la valeur du futur savant.

La ferme direction de l'esprit, le bon emploi du temps, une indéfectible et surhumaine patience font ces miracles.

Emile Arnaud ne s'épargnait d'ailleurs ni au travail du cabinet, ni aux courses à travers les vallées et les montagnes. Le département de Vaucluse et, plus tard, le nôtre, l'ont vu, matinal et persévérant autant que le plus intrépide chasseur, demander aux entrailles de la terre la confirmation ou le redressement des enseignements qu'il avait puisés dans les livres, ou bien encore des échantillons rares, des empreintes nouvelles, témoins qu'il faut savoir interroger et comprendre pour se défendre des systèmes et fonder d'utiles théories. La faune et la flore fossiles, toutes les branches de la paléontologie, furent abordées par lui et profondément étudiées. Ce n'est pas tout, lorsque le jeune explorateur quittait ses livres et les études spéculatives, il savait faire ample moisson d'observations pratiques. Avec le même zèle qu'il apportait à s'initier aux secrets de la science, il recueillait, soumettait à l'analyse des minerais que la sûreté de son savoir désignait à l'industrie, tantôt comme de nouvelles sources de richesses, tantôt, au contraire, comme de dangereuses et fallacieuses amorces, propres seulement à mettre sur la voie des entreprises douteuses.

Mais, par-dessus tout, le nouveau, l'indéchiffrable l'attirait, avec cette sorte de fascination qu'exerce l'inconnu sur les intelligences actives qui ont foi en leur œuvre, sur tous les zélateurs de la science. Il brûlait du désir de mettre en lumière quelque fait inobservé, quelque échantillon inédit. Son ambition ne fut pas déçue. De bonne heure il se signala par des découvertes auxquelles son nom même est resté attaché. Ainsi, dans l'une de ses infatigables excursions à travers le département de Vaucluse, il retira des lits supérieurs de Bonnieux une algue remarquablement conservée, « la plus belle, la plus élégante de celles, en petit nombre, que l'on ait encore signalées, l'*Halymenites Arnaudi*. » M. le marquis de Saporta à qui j'emprunte ce fait, a rappelé devant vous, Messieurs, qu'il dut à la sagacité d'Arnaud « la connaissance de la première cycadée tertiaire observée en Europe, le *Zamites epibius*. » C'était encore une découverte du jeune géologue. Plus tard, il fournissait au célèbre professeur de Genève, M. Pictet, une dent appartenant à un *Notidanus* non décrit. Enfin, il déterminait l'individualité d'une espèce de *Saurocephalus* avec cette sorte de divination qui est le triomphe de la science, je veux parler du *Saurocephalus Picteti*, auquel, avec une touchante déférence, il voulut donner le nom de son illustre confrère genevois.

Bien des fatigues, quelques déceptions attendaient Emile Arnaud dans ses tentatives, dans ses incessantes explorations ; mais son esprit méthodique, positif, profondément observateur, le gardait des fausses routes et du rêve-creux. D'ailleurs, il trouvait de larges compensations, non seulement dans les honorables et illustres amitiés dont ses travaux furent pour lui l'occasion, mais encore dans les nombreuses découvertes dont je viens de citer quelques-unes, et qui, portant, du premier coup, son nom à la surface, lui acquirent une notoriété destinée à lui survivre.

Est-ce tout ? J'hésite, Messieurs, à vous dire que parmi les satisfactions qui faisaient ainsi contre-poids pour Emile Arnaud aux labeurs de la science, la plus grande, la plus chère pour lui, peut-être, fut celle qu'il trouva dans ses collections géologiques. J'en parle en témoin suspect, je le sais : car, si un lien de confraternité m'unit au savant dont vous m'avez donné la succession, c'est précisément celui, si étroit, qui rend les collectionneurs tous membres d'une même famille. Permettez-moi toutefois, Messieurs, d'exprimer aussi discrètement que ma partialité le comporte, l'intérêt que j'ai pris à examiner les trouvailles dont Emile Arnaud a formé cette collection de minéraux et de fossiles, son orgueil et sa joie, qu'il avait voulu loger de ses propres mains (car il était aussi habile à manier l'outil de l'artisan que le marteau du géologue) ; collection abondante, où brillent les échantillons rares et qui est particulièrement riche en spécimens intéressant la Provence.

Je forme le vœu que cette œuvre de science, de patientes et habiles recherches, — et de bonheur aussi (car Emile Arnaud eut, comme tout chercheur, d'heureuses rencontres) — ne se disperse point et reste un témoignage du talent de votre confrère.

J'ai essayé de vous dire, Messieurs, comment s'était formé et ce qu'était le savant chez Emile Arnaud dans ses travaux de cabinet ; nous allons le voir à l'œuvre au dehors et dans ses rapports avec ses confrères.

Il avait à peine vingt-deux ans, quand un événement, auquel il ne pouvait manquer de prendre part, lui permit de se montrer et d'agir. En 1862, à l'occasion de l'ouverture de la crypte du sanctuaire vénéré de Sainte-Anne, à Apt, il y eut dans cette ville de grandes fêtes. Ces fêtes coïncidèrent avec les « Assises scientifiques, » qui groupaient périodiquement tous les hommes instruits de la région, et avec le « Congrès archéologique de France. » Un tel concours était unique dans l'histoire de la petite cité vauclusienne ; il pouvait tourner à son honneur si l'on en profitait pour jeter les bases d'une association scientifique. C'est ce que comprit un aimable et trop modeste érudit, membre de votre Académie, dont le vaste savoir était dès lors connu et apprécié partout : M. de Berluc-Pérussis suggéra à M. de Caumont cette idée de rendre durable et féconde l'œuvre du congrès, en fondant à Apt, une société littéraire et scientifique. M. de Caumont mit au service de la propagation de cette idée sa haute autorité et son ardent esprit de prosélytisme. La cause fut vite gagnée, et l'on vit alors le jeune Arnaud, avec le feu et l'enthousiasme de l'âge, se porter partout en avant et contribuer largement à la fondation de la société nouvelle.

Cette fondation eut lieu le jour même de la clôture du Congrès archéologique, le 17 septembre 1862. La nouvelle institution prit le nom de *Société littéraire, scientifique et artistique d'Apt ;* elle eut d'abord pour président M. le chanoine Barret ; le 8 janvier 1863, le texte de ses statuts fut arrêté. Ces statuts donnant à la société deux secrétaires, M. le comte de Pontbriant, alors sous-préfet d'Apt, nomma à ces fonctions MM. Marius Carbonnel et Emile Arnaud.

Voilà donc votre futur confrère, appelé, malgré sa jeunesse, hors des rangs des simples sociétaires, pour remplir un rôle prépondérant. Nous verrons bientôt si la confiance de ceux qui le nommèrent, fut trompée.

La Société donna, le 30 août 1863, sa première séance publique; ses progrès furent assez marqués, son influence jugée assez utile, pour que l'autorité supérieure crût devoir lui accorder la consécration qui la mettait de pair avec les autres sociétés académiques de France : l'arrêté ministériel d'autorisation est du 7 mai 1869.

Mais l'expérience, les progrès accomplis amenèrent une refonte des statuts ; leur nouvelle rédaction, approuvée le 28 septembre 1871, remplaçait notamment les deux secrétaires par un secrétaire unique et perpétuel, qui ne fut autre qu'Emile Arnaud.

Je suis entré, Messieurs, avec beaucoup de détails dans l'historique de l'établissement de la Société littéraire et scientifique d'Apt ; vous donner ces détails, c'est vous montrer les résultats de l'active coopération d'Emile Arnaud. C'est, en effet, à son initiative, à ses efforts que la jeune académie dut son organisation ; elle vécut, elle progressa par lui ; elle devint, en quelque sorte, son œuvre propre. Elle sut d'ailleurs reconnaître ce qu'elle devait au zèle intelligent de M. Arnaud ; c'est sur la présentation de la Société littéraire et scientifique d'Apt, elle-même, que son secrétaire perpétuel fut élu, en 1871, membre titulaire de l'Institut des Provinces. Au reste, ce n'était pas le premier honneur de ce genre fait à M. Arnaud. En octobre 1864, la Société géologique de France, siégeant à Marseille, l'avait admis au nombre de ses membres, sur la proposition des MM. Matheron et Coquand ; et beaucoup d'autres sociétés savantes tinrent à honneur de l'appeler dans leurs rangs ; ainsi : l'Institut géologique d'Autriche, la Société de statistique de Marseille, l'Académie royale de Palerme, la Société d'émulation de la Provence, l'Athénée de Forcalquier.

Ces sociétés, avec lesquelles Emile Arnaud entretenait des relations très actives et très suivies, lui procuraient des communications, des échanges de publications, pour le plus grand profit de la Société littéraire et scientifique d'Apt, qui en recueillait presque tout le bénéfice.

Le dévouement de votre confrère à cet égard ne s'est pas démenti un seul jour, tant qu'il a résidé à Apt, et même un peu au delà. C'est à lui que la Société dut la publication de ses annales, de ses procès-verbaux et de ses mémoires, triple série qu'il a inaugurée et qui n'a été interrompue que lorsque des fonctions nouvelles ayant appelé Emile Arnaud à Cadenet, il ne lui fut plus possible de prêter son concours à une œuvre qu'il avait aimée, soutenue, et qui cessa d'exister dès qu'il ne fut plus là pour lui infuser la sève.

Du reste, ce n'est pas la seule création à laquelle il ait puissamment contribué et dont il soit resté l'âme durant son séjour à Apt.

En 1863, par arrêté du 10 décembre, le maire de cette ville avait institué une bibliothèque publique. Cette fondation était due à l'initiative d'Emile Arnaud, (1) qui fut nommé bibliothécaire, et qui, ne bornant pas là ses am-

---

(1) Grâce à son initiative, il obtint de la plupart des illustres auteurs français ou étrangers des dons nombreux, qui portèrent bientôt cette collection au chiffre de 6,000 volumes.

bitions, essaya de fonder un musée scientifique. Malheureusement, les éléments manquèrent à cette dernière création, qui a, depuis, été abandonnée.

A toutes ces entreprises, le zèle d'Emile Arnaud ne s'usait pas. Sa grande facilité en toutes choses lui rendait le travail aussi sûr que rapide. Il trouvait moyen, au milieu d'occupations si diverses et si multipliées, en remplissant exactement toutes ses obligations de fonctionnaire, d'accepter le titre de représentant officiel, à Apt, de la Commission météorologique, et celui de membre du Conseil départemental de l'instruction publique.

Avec cela, il ne négligea jamais rien de ce qui pouvait lui être commandé dans l'intérêt de sa famille. Il le montra bien en 1870, quand, au milieu des tourmentes de cette époque néfaste, il se vit enlever le poste qu'il occupait à la mairie d'Apt, avec honnêteté et distinction. Il obtint bientôt l'offre d'une justice de paix, (1) mais c'était loin de cette ville qui était doublement sa patrie d'adoption. Eh bien, quelles que fussent pour le savant la force et la douceur du lien qui l'attachait à Apt, quand ce sacrifice lui fut imposé, il sut obéir. Toutefois, j'imagine aisément, Messieurs, qu'au jour où pareille résolution lui fut dictée et où il s'y arrêta, Emile Arnaud, en son for intérieur, éprouva de bien douloureuses perplexités.

Les œuvres du savant, ce sont aussi les fruits de ses entrailles ! Emile Arnaud, appelé à d'autres fonctions

---

(1) Il fut nommé juge de paix à Cadenet le 21 février 1874 et à Cavaillon le 9 février 1877. Il laissa dans ces deux sièges la réputation d'un juge conciliant et droit. Il fut révoqué en mai 1879.

et dans un milieu étranger, pourrait-il trouver le temps et toutes les facilités nécessaires à la poursuite de ses études ? Ne s'éloignait-il point, d'ailleurs, d'une association qu'il avait presque fondée et qui vivait par son zèle ? Pourtant, il n'hésita pas ! Mais, le sacrifice, heureusement pour lui, ne fut point consommé : il fut donné, en effet, à Emile Arnaud de pouvoir continuer ses travaux, même lorsqu'il dut quitter, plus tard, son siège de juge de paix pour les fonctions plus absorbantes de l'officier ministériel.

Je ne saurais mieux, Messieurs, compléter cet éloge de votre zélé confrère qu'en rapportant ici la liste de ce qu'il a écrit, non seulement durant son séjour à Apt, mais encore après. Cette liste est courte ; elle représente très imparfaitement les travaux d'Emile Arnaud, qui n'eut jamais le loisir d'écrire beaucoup ; elle est loin de donner une idée de ce qu'il a répandu de science dans la collaboration, dans les communications verbales aux réunions scientifiques, dans sa correspondance. Si j'ai eu la pensée de faire passer sous vos yeux ce petit nombre d'écrits, c'est que, par leur nature, par les conditions de leur publication, ils sont destinés à disparaître, dans un avenir sans doute peu éloigné. Il m'a semblé que c'était honorer la mémoire d'Emile Arnaud que de vous offrir le relevé de ces savantes plaquettes. Le voici :

I. — *Notice sur un Saurocephalus de l'étage Aptien* ; (Apt, 1864, 8 pp., in-8°, 3 fig.).

II. — *Catalogue des espèces minérales des environs d'Apt* ; (Apt, 1867, in-8°, 56 pp.).

III. — *Etude géologique sur le gisement de Souffre des Tapets*; (Aix, 1867, 15 pp., in-8°, pl.).

IV. — *Etudes préhistoriques sur les premiers vestiges de l'Industrie humaine dans le sud-est de Vaucluse*; (Paris, 1868, in-8°, 13 pp.. 6 pl).

V. — *Note sur les Poissons fossiles du Crétacé inférieur des environs d'Apt*; (Paris, 1882, in-8°, 4 pp.).

VI. — *Travaux géologiques de l'Académie d'Aix*. (Discours de réception à l'Académie, 1882, in-8°, 39 pp.).

Outre ces publications, tirées à part, Emile Arnaud avait donné un mémoire sur « *la Contemporanéité des Terrains à Gypse de argas et des environs de Paris,* » dans les Actes des assises scientifiques d'Apt, tenues par l'Institut des Provinces, en 1862, Marseille, 1864, in-8° (p. 108 à 114).

Enfin, il a laissé deux importants ouvrages restés inédits et qui, à ce titre, méritent une mention spéciale. L'honorable archiviste de la Société littéraire d'Apt a bien voulu me communiquer à leur sujet des renseignements qui doivent prendre place ici : « Encore quelques années d'existence, écrit M. Garcin, et M. Arnaud aurait couronné sa carrière géologique par la publication d'un ouvrage qui devait être la continuation des magnifiques travaux de Gaudry, sur les Fossiles et la Paléontologie du Luberon. J'ai parcouru les pages ébauchées de ce grand travail qui devait avoir pour titre : *Etude sur les Poissons fossiles du mont Luberon*. Arnaud s'est surtout inspiré dans cette étude des ouvrages du célèbre géologue suisse Agassiz. Il y décrit toutes les espèces qui gisent sur les flancs nord et sud du Luberon, dans les communes de Cabrières, La Motte, etc... Sa rare sagacité lui a fait découvrir par le seul examen des dents fossiles de poissons, de nombreuses espèces nouvelles appartenant aux genres gigantesques *Carcharodon, Oxyrhina*, etc... » M. Garcin ajoute qu'il serait utile pour la science que ce beau travail ne fût pas perdu. On n'a point malheureusement de renseignements aussi précis sur le second ouvrage inédit d'Emile Arnaud ; on ignore même s'il y a mis la dernière main ; mais l'on sait positivement qu'il avait préparé une *Histoire ancienne de la Durance* qu'il destinait au Bulletin de la société géologique de France. (1)

Si je n'étais un profane, Messieurs, ce serait ici le lieu de porter un jugement d'ensemble sur les travaux de M. Arnaud dont ces deux études inachevées devaient, il semble, offrir la synthèse. Je n'ai pas le droit de m'ériger en juge ; mais je puis vous rappeler ce qu'en a dit ici avec tant d'autorité M. le marquis de Saporta ; son jugement si bienveillant et si à l'honneur de votre confrère, est encore présent à la mémoire de tous. Il nous laisse le profond regret d'avoir vu disparaître si tôt un savant qui, par les qualités de son esprit, par son ardeur au travail, était appelé à se mettre hors de pair et à contribuer à entretenir l'éclat de votre Académie.

Je viens, Messieurs, de m'abriter derrière un déclinatoire d'incompétence : ce sont choses dont il ne faut pas abuser. Donc, si je n'ai pas qualité pour apprécier les œuvres de M. Arnaud, j'en prendrai du moins occasion

---

(1) Je suis heureux de reconnaitre que je dois la plupart des renseignements qui ont servi à composer cette notice, à MM. de Berluc-Pérussis et Garcin : ils dictaient, je n'ai fait que tenir la plume.

de dire un mot de plus à sa louange. Quand j'énumérais, tout à l'heure, ses productions imprimées, qui ajouteront bientôt à leurs autres mérites, celui de la rareté, il m'est revenu un souvenir personnel que vous me permettrez, Messieurs, de placer ici. C'était dans une réunion, lors de ma première rencontre avec Emile Arnaud. La conversation s'engagea entre nous sur la bibliothèque de M. Coquand. En m'exprimant sa déconvenue lorsqu'il se présenta (trop tard !) pour acquérir certaines plaquettes qu'il n'avait guère chance de jamais plus rencontrer, les ayant manquées là, Emile Arnaud s'étendit, non seulement sur les charmes de cette chasse âpre et incessante du vrai bibliophile, mais encore sur le concours précieux, et trop méconnu, que la science des livres prête à toutes les sciences, sans compter l'attrait qu'elle y mêle.

Ce dernier trait achève de le peindre, et montre combien en lui la passion de l'étude était complète et sincère : s'élevant avec ardeur jusqu'aux sommets les plus ardus de la philosophie naturelle, il savait descendre, avec non moins de délices, jusqu'à cette école buissonnière du bouquineur et du pourchasseur de brochures rares.

J'ai essayé, Messieurs, de caractériser la personnalité d'Emile Arnaud. Me sera-t-il permis, en terminant, d'insister sur l'intérêt qu'excite tout particulièrement cette alliance qui s'était faite en lui entre le savant et le fonctionnaire, sans que jamais l'un ait pu nuire à l'autre. Je l'ai dit, en suivant sa vocation scientifique, il avait su obéir à la nécessité qui lui imposait le choix d'un état. Par là, il appartenait à la classe, plus nombreuse qu'on ne serait tenté de le croire, de ces hommes qui ne se dérobent pas à leurs obligations pour suivre leur pente naturelle vers tel art ou telle science. Les concilier ou se sacrifier, est leur devise. Ils font abnégation du rôle et des succès que peut se promettre l'homme voué exclusivement à l'étude ; mais à l'heure où les devoirs de la vie sont remplis, ils donnent à la science ou à l'art, tous leurs efforts, toutes leurs aptitudes. Ils vont, paisibles et laborieux, avec une gravité sereine et si l'on peut dire, avec un léger reflet de ces régions de lumière où ils pénètrent à leurs heures. Ils poursuivent avec persévérance leur initiation fatalement lente (car il est surtout pour eux, dans toute sa dureté, l'adage antique : *Ars longua, vita brevis !*) Ils poursuivent donc leur lente initiation, non pas toujours sans regretter ce rôle obscur et si peu efficient où leur situation les condamne, mais sans faiblir, sans déserter jamais ! Ils sont les amants un peu platoniques de la Béatrice, divine personnification entrevue par un sublime esprit, et qui, à travers les misères et les labeurs humains, les attire avec confiance, avec je ne sais quel espoir, malgré tout, d'avoir bien mérité d'elle. Doublement appliqués et attentifs, ils sont de remarquables fonctionnaires, comme M. René Kerviler, l'ingénieur en chef de la Loire-Inférieure, l'exact et érudit historien des premiers temps de l'Académie Française ; parfois de simples employés de commerce, comme M. Ch. Courbe, un archéographe lorrain des plus estimés, l'un des correspondants assidus et sérieux de l'*Intermédiaire*. Honneur et respect à ces hommes de bonne volonté, à ces croyants héroïques qui, sans recueillir le plus souvent la récompense due à leur dévouement, n'ont guère qu'une inquiétude : celle de quitter ce monde sans avoir fait l'œuvre projetée (comme il est arrivé à Emile Arnaud), celle qu'ils n'achèvent jamais, en effet, parce que le temps, particulièrement avare pour eux, le brisement quotidien de la pensée et de l'effort dans ce que nous appelons la lutte pour la vie, ne leur permettent que de courtes œuvres, souvent même qu'une simple moisson de documents destinés à n'être utilisés jamais. Tous les bibliophiles connaissent cette image ingénieuse, placée au frontispice de ses livres par un de nos vieux imprimeurs. Un enfant vigoureux y personnifie l'intelligence humaine. Il veut quitter la terre et gagner les hauteurs. Et, en effet, sa main, l'organe le plus précieux de la pensée, celui qui la fixe indélébile et entière, a des ailes qui battent et le soulèvent ; mais son pied est attaché à une lourde pierre par un lien solide. Il flotte ainsi, luttant, avec des chances plus ou moins heureuses, pour fuir le sol. Qui brisera le lien funeste ? Qui laissera le penseur, le savant, l'artiste s'élever librement dans les régions supérieures ? Lorsque l'homme entend au-dedans de lui les appels du génie dominant toute autre voix et légitimant presque l'oubli du reste, il peut bien rompre le lien. Mais le sage redoute cet affranchissement total, presque égoïste, et quand, faisant taire les suggestions de l'amour-propre, il sent que Dieu, libéral, mais avec mesure, ne lui a pas donné une vocation d'exception, il s'incline et choisit une carrière, heureux de penser qu'en thésaurisant les heures perdues pour le profit de ses goûts de savant, d'artiste ou de lettré, il ne fera d'économies qu'aux dépens de lui-même. Telle fut la résolution d'Emile Arnaud et sa ligne de conduite. Un seul mot d'ailleurs peut le résumer tout entier : il eut toutes les saines ambitions de l'homme studieux et toutes les vertus de l'honnête homme.

Aussi, Messieurs, sa réputation l'avait précédé à Aix ; et il y était à peine devenu votre concitoyen, que votre Compagnie, heureuse de lui donner cette récompense, la plus haute et la plus honorable sans doute que puisse ambitionner un nouveau venu, prit une mesure d'exception, si l'on peut dire, et lui marqua l'estime qu'elle lui accordait, en l'appelant dans son sein.

Votre Académie lui fit alors un grand honneur qui, par un juste retour, rejaillit aujourd'hui sur elle. Emile Arnaud n'a vécu que trois ans à Aix ; il a passé à peine un an parmi vous. Il n'a point donné la mesure de tout ce qu'il pouvait être ; mais son ardeur, ses progrès s'affirmaient chaque jour davantage ; et, quoi qu'il fréquentât peu la Muse, il semble avoir pris, en toutes choses, pour programme (vous avez eu, Messieurs, l'honneur de l'avoir découvert et consacré en lui), ce beau vers d'un grand poète :

Agrandis chaque jour l'empire où tu gouvernes ! (1)

---

(1) DE LAPRADE. *Odes et Poèmes*, (éd. Lemerre, t. 1, 204).

DISCOURS

DE

M. DE SÉRANON

Monsieur,

Vous venez prendre place, dans nos rangs, en votre qualité de bibliophile expérimenté, poussant fort loin l'art de connaître, de choisir les livres et de s'en approprier la moelle et la substance.

Bibliophile, c'est-à-dire ami des livres, voilà un titre qui vous sied à merveille et que vous portez avec un succès que vous cherchez en vain à dissimuler.

Non seulement, vous connaissez l'origine du livre, ses conditions de publication, tout ce qui constitue sa forme extérieure, mais encore, ce qui vaut mieux, vous savez ce qu'il contient, vous en appréciez judicieusement les mérites et les défauts, et vous ne le rapprochez de vous, comme un compagnon qui doit vous rester fidèle, que tout autant qu'il répond à vos sentiments élevés et délicats.

Si vous ne le prenez pour vous qu'avec ces qualités, vous ne le conseillez aux autres qu'à la condition que sa lecture soit utile et qu'elle devienne, pour l'esprit, une saine et substantielle nourriture. Vous vous êtes ainsi approprié, avec raison, cette pensée de Silvio Pellico, qui sert d'épigraphe à l'un de vos ouvrages : « Dès que vous pouvez, c'est pour vous un devoir sacré de cultiver votre esprit. Vous vous rendez, par là, plus propre à honorer Dieu, votre patrie, vos parents, vos amis. » Tout cela, le poète l'a condensé dans ce beau vers, que vous citiez tantôt :

Agrandis, chaque jour, l'empire où tu gouvernes.

Que vous avez raison d'en juger ainsi, Monsieur, et combien il serait à souhaiter que vos conseils fussent suivis. J'estime, en effet, que nos successeurs, trouvant un jour, dans ces boîtes à quatre sous, dont vous parlez avec esprit, certains livres de notre littérature moderne, s'étonneront qu'ils aient pu faire le délassement et la joie des générations auxquelles nous appartenons. Ils seront revenus, peut-être, il faut au moins l'espérer, à ces préceptes que vous enseignez et, comme vous, ils seront convaincus que les livres ne valent que quand ils sont bons.

Ce n'est, du reste pas, sans quelque raffinement de goût et quelque sensualité, si je peux me servir ici de ce terme, que vous placez le livre à vos côtés. Vous le voulez, non seulement avec la pureté du texte, l'excellence des notices et des commentaires, mais il vous faut encore la beauté de l'enveloppe et le relief de l'impression. Vous trouverez, dans cette Compagnie, un approbateur, modeste et trop discret, chez ce collègue estimé qui, il y a quatre ans, dans un discours de séance publique, nous faisait entendre de pareils conseils (1); et tous les deux, au surplus, vous vous abritez derrière cette opinion du bon Rollin : « Qui frappe les yeux gagne l'esprit, et, par cet attrait innocent, invite à l'étude. »

Aux conseils que vous donnez, sur la formation d'une bibliothèque, on juge bien vite ce que doit être la vôtre. Vous me disiez un jour, Monsieur, que c'était votre meilleure œuvre. Venant de votre part, cela dit ce qu'elle est; mais, après avoir lu vos publications, personne n'acceptera cette appréciation, qui n'est due qu'à votre extrême modestie.

Vos ouvrages ne révèlent-ils pas, en effet, vos connaissances étendues et diverses, votre goût sûr et délicat, votre sagacité que rien ne trompe; ne sont-ils pas là, auprès de nous, pour nous prouver que le choix, que nous avons fait, en votre personne, pour remplacer notre très regretté collègue, M. Arnaud, ne pouvait être plus heureux.

Il y a près de vingt ans, et quand vous sortiez à peine des écoles, vous prononciez, à Bordeaux, au cercle Fénelon, composé d'excellents jeunes gens comme vous, un discours sur la littérature française, dans cette période de mouvement qui s'ouvre au XIIe siècle et se termine avec le XVe siècle. Ce discours montrait déjà ce que vous

---

(1) M. Morizot, professeur émérite de l'Université.

saviez et en quelle forme vous pouviez écrire. Vous n'ignoriez rien, ni de ces chansons des trouvères qui se chantaient dans les manoirs, ni des légendes en vers et en prose, des fabliaux, des apologues, des lais et des virelais. Vous connaissiez ces œuvres dramatiques, désignées sous le nom de *mystères*, les œuvres en prose dont la réputation était faite, et vous n'aviez garde d'oublier ce fameux roman de *la Rose*, qui devint une production célèbre du temps, et qu'on se passait, si volontiers, de main en main. Vous commenciez à peine la vie, et vous manifestiez déjà, Monsieur, un incontestable talent littéraire.

Permettez-moi pourtant de le révéler ici, non pas certes pour vous attirer quelque querelle, de la part de ceux de nos collègues qui ont, pour la langue provençale, un culte presque enthousiaste, mais pour montrer que vous êtes certainement revenu de votre opinion du moment. Vous n'aviez pas alors, pour cette langue et ses productions, une admiration bien prononcée; vous ne teniez pas grand compte de notre littérature du Midi, et vous déclariez même que notre ancien idiome s'était éteint, après avoir jeté, il est vrai, le plus vif éclat.

Alors, Monsieur, vous viviez bien loin de notre Provence, devenue depuis votre pays d'adoption; vous ignoriez le mouvement qui s'y était produit pour la résurrection de notre vieille langue; alors, encore, le grand poème de *Mireille* venait, à peine, de révéler au monde ce que peut le génie de cette langue pour la description des fraîches idylles des champs et pour l'analyse des troubles des premiers sentiments.

Dans vos recherches, minutieuses et intelligentes, sur ces quais de Paris, où viennent flotter les épaves de la littérature, vous trouvâtes, un jour, un vieux livre, d'aspect presque rebutant, qui renfermait des notes de Duclos, relatives au temps de la Régence et du règne de Louis XV. Ce livre avait sans doute appartenu à Collé, le joyeux chansonnier, trop joyeux même parfois, mais qui, montrant des qualités plus sérieuses, avait été le secrétaire du fils du régent. Dans l'exemplaire que vous teniez en main, se trouvaient des pages manuscrites qui venaient de Collé lui-même, et qui complétaient ou rectifiaient celles de Duclos.

Vous avez publié, en 1878, ces pages inédites et vous les avez accompagnées de notes nombreuses, remplies de judicieuses critiques et d'une grande érudition. Elles sont même précédées d'une préface savante, à laquelle je n'oserai rien reprocher, si ce n'est, peut-être, un peu trop de complaisance pour ce temps de la Régence, qui a pu être l'époque des plaisirs et de la joie, mais non celle de la réserve et de l'honnêteté. Le manuscrit de Collé, que vous avez rendu public, en ferait foi au besoin, si nous n'avions, pour nous renseigner à cet égard, tous les documents contemporains et surtout ces inimitables mémoires du duc de Saint-Simon, dont il serait superflu de faire ici l'éloge.

Collé, dans ses pages manuscrites, que vous avez révélées au public, faisait encore de Duclos un portrait qui est loin d'être à son avantage. Je n'en aurais rien dit, s'il n'y avait pas lieu de l'opposer à celui qu'en a tracé Sainte-Beuve, dans trois de ses *Causeries du Lundi*, et qui répond si peu à celui qui avait été fait d'après nature. Il y a là une rectification qui vous est due et qui a bien sa valeur.

En 1879, vous publiiez un travail sur les devises des vieux poètes. Vous en montriez d'abord l'origine et l'histoire ; vous en expliquiez ensuite le sens et le caractère ; enfin, vous en ajoutiez un certain nombre, peu ou point connues, à celles recueillies déjà par M. Blanchemain.

Après avoir ainsi posé le sujet de votre étude, vous disiez que c'était là les trois points d'un sermon. Nul n'en jugera ainsi, mais s'il fallait pourtant vous écouter, j'ajouterais qu'en tous cas ce sermon n'endormira jamais personne.

Puisque vous parliez de devises, il était bien juste que vous en prissiez une pour vous-même. — *Mort m'avie* — c'était celle qui terminait votre ouvrage ; permettez-moi d'en ajouter une autre, qui glisse sous ma plume et que je ne peux retenir : *Livres pour moi sont : Amour à vie.*

Je vous rencontre encore, en 1881, recherchant, dans une étude pleine de science et de sens critique, si des stances charmantes, bien qu'un peu légères, signées M. et qu'à raison de ce, on avait attribuées à Molière, appartenaient bien à cet homme célèbre ?

Vous ouvrez un concours à cet effet, et vous vous présentez vous-même comme concurrent. Procédant par voie d'analyse, et mettant en avant tous ceux que l'on pouvait supposer être les auteurs de ces stances, vous étudiez le genre de chacun d'eux, pour procéder ensuite à un travail d'élimination.

Serait-ce, en effet, Molière qui en serait l'auteur, ou bien Montreuil, le marquis de Montplaisir, Claude de Malleville ? Après examen, vous les excluez tous de cette paternité, qu'il était au moins permis ici de rechercher, et vous concluez, avec hésitation pourtant, en faveur d'un de nos compatriotes, l'abbé de Montfuron, auteur d'un recueil de vers paru à Aix en 1632.

Toutes ces publications, que je ne fais que rappeler, ne sont point les seules qui viennent de vous. N'êtes-vous pas, en effet, un des principaux collaborateurs du *Moniteur du Bibliophile*, excellent recueil qui vous met en très bonne et très savante compagnie. N'est-ce pas là que vous avez rencontré : Xavier Aubryet, Edmond de Goncourt, Paul Lacroix, Ch. Monselet, Paul de Saint-Victor, Francisque Sarcey et bien d'autres, dont la renommée fait aussi un peu la vôtre.

N'avais-je pas raison de contredire, il y un instant, cette opinion émise par vous, que votre bibliothèque était la meilleure de vos œuvres, et ne devais-je pas, au risque de blesser votre modestie, justifier cette protestation que chacun ici, excepté vous, trouvera d'accord avec la vérité.

Tout cela n'indique-t-il pas encore que, si vous aimez les livres, vous savez au moins en tirer profit et qu'ils ne sont pas d'inutiles instruments entre vos mains. C'est un bien bon exemple que vous donnez là, Monsieur, en un temps surtout où la lecture porte principalement sur ces feuilles volantes, qui ne sont que des produits éphémères, bientôt oubliés, et auxquels on peut justement appliquer ce mot d'un ancien : *Ludibria ventis*. Et si, quittant le journal, rejeté indifféremment après qu'il a été lu, nous prenons un livre, n'est-il pas vrai que nous le parcourons plutôt que nous ne le lisons ; nous le parcourons le couteau à la main, en coupant rapidement les feuillets et nous attachant, plus peut-être à ce travail mécanique, qu'à pénétrer notre esprit des sujets placés sous nos yeux. Tout va du reste à la vapeur, en ce temps-ci, et n'est-ce pas surtout quand la vapeur nous emporte, dans des voyages lointains ou dans des excursions plus rapprochées, n'est-ce pas encore, au milieu du mouvement de nos rues ou de nos places publiques que nous lisons, tenant, d'une air grave et réfléchi, le journal ou le livre à la main, plus attentifs souvent à éviter un danger qu'à retenir ou à juger ce que le livre ou le journal nous apprend.

Ce que vous êtes, au surplus, Monsieur, comme bibliophile, se révèle complètement dans votre intéressant ouvrage, intitulé : *Le Livre*, publié en 1869, dédié à un membre de l'Académie française, M. Cuvillier-Fleury, et dont M. J. Jannin, dans une lettre qu'il vous adressait, disait que, rien qu'à l'ouvrir, on sentait qu'il avait été fait par un homme du bâtiment. Vous y montrez de quelle façon vous entendez cette science, qui a vos préférences, et vous comprenez à merveille que le goût des livres, quand il n'est pas la passion d'une âme honnête, élevée et délicate, est le plus vain et le plus puéril de tous les goûts.

Qu'il y a loin, en effet, de ces goûts délicats et utiles à cette manie de la collection, que Guy-Patin, le premier, au XVIIIe siècle, appelait : la *bibliomanie*, et qu'un de vos maîtres, Quérard, a qualifié d'un mot plus rude : la *bouquinomanie*. Que de caprices, en effet, ne rencontre-t-on pas en cette matière, que de puérilités souvent et d'étranges recherches !

Il est des amateurs, par exemple, qui ne veulent que des raretés, dont ils ne peuvent tirer aucun profit pour leur esprit. On sait que l'Asie orientale connut l'art de l'imprimerie bien avant son invention en Europe. Ces étranges collectionneurs poussent, aux ventes de l'hôtel Drouot, à des prix fabuleux, des imprimés chinois, remontant à la fin du VIe siècle, ou des imprimés japonais du VIIIe ou du IXe siècle ; naturellement, ils ne savent pas et ne sauront jamais ce qu'ils contiennent.

Tel amateur encore ne veut, pour sa bibliothèque, que des livres du même format, et il ne les achète que le mètre à la main. Celui-ci tient à posséder toutes les éditions d'un ouvrage et, ainsi, il ne craint pas de rassembler jusqu'à dix exemplaires différents d'un livre, dont le texte, assurément, ne peut point varier, comme les *Lettres sur la Mythologie*. Celui-là ne veut que des livres introuvables, fussent-ils les moins intéressants et les plus oubliés. Et, dans cette nomenclature de tous les goûts et de tous les caprices les plus étranges, il en est un, que vous nous faites connaître et qui se particularise entre tous, c'est celui des reliures parlantes.

Ainsi, et entre autres, c'est une histoire de la Forêt-Noire, que le singulier amateur ne veut que recouvert de maroquin noir ; ou bien encore, c'est une couverture de peau de renard, sur une histoire de Jacques II, par Fox, et cela parce que ce nom signifie : renard, en anglais ;

ou enfin, et ce qui devient le comble de la manie, réalisé pourtant par le docteur Askew, c'est un traité d'anatomie qui est relié en peau humaine !

Et toutes ces folies ne se couronnent-elles pas, par les prix qu'atteignent certains exemplaires, recherchés à raison d'une valeur idéale de souvenir ou de rareté. Ainsi, un choix de chansons de M. de La Borde est retenu, pour 7,500 fr., dans une vente publique; des rôles de comédie ou de tragédie, ayant passé par les mains d'actrices renommées, comme Adrienne Lecouvreur, ne sont pas adjugés à moins de 1,800 fr.; le plus insipide des in-18, en vers platement rimés, sur l'Origine des Puces, mais ayant appartenu à Mme de Pompadour, atteint le prix de 200 fr.; un exemplaire de la première édition du *Décaméron* ne fut-il pas poussé, par un Anglais, le marquis de Blandfort, jusqu'à 52,000 francs ! (1)

Ces singularités, que vous citez, ne se continuent-elles pas toujours, depuis que votre livre a été publié? Tout récemment, en effet, des fragments de la fameuse Bible de quarante-deux lignes se sont disputés à des prix énormes; une lettre de Vespuce, en seize feuillets, a été adjugée, à la vente Court, pour 13,000 francs; celle de Christophe Colomb, de 1493, en quatre feuillets, a été poussée à 7,500 fr.; enfin, et pour terminer, au mois de juin 1879, à la vente

---

(1) Tout cela était du temps où les bêtes parlaient : A la vente de feu sir John Hayford, à Londres, en décembre 1884, le *Psalmorum Codex* de 1549 (ah ! mais l'exemplaire en vélin, avait des initiales en couleur !) a été vendu 123,750 francs.... Un honnête chroniqueur prend soin de remarquer que c'est le plus haut prix qu'un livre ait atteint jusqu'à ce jour. Exact et véridique chroniqueur, je le crois bien !

de la bibliothèque Firmin Didot, le célèbre missel de Charles VI n'a pas été adjugé à moins de 76,000 francs.

Votre livre est une protestation, non seulement contre ces excès et ces folies, mais encore contre tout ce qui n'est pas raisonnable dans le goût et les recherches des bibliophiles. On sent bien vite qu'on a en lui un guide sensé et sûr, et qu'on peut s'abandonner aux conseils qu'il contient, sans crainte de faire fausse route. Il est, sans doute, le plus important de vos ouvrages, celui qui vous caractérise le mieux, et, fût-il le seul, que vous eussiez placé entre nos mains, qu'il vous aurait donné facilement accès dans notre Académie. Mais vous avez d'autres richesses dans votre patrimoine et c'est, on peut le dire, les mains pleines, que vous vous êtes présenté à nous. C'est ainsi qu'en vous admettant dans cette Compagnie, nous nous sommes appuyés, non sur des promesses, mais sur des réalités. Aussi, Monsieur, nous comptons sur une collaboration, de votre part, active et telle que vous pouvez nous la donner. Elle nous sera précieuse, et elle comblera le vide très grand que la mort de M. Arnaud a laissée dans nos rangs.

Comme vous, celui-ci était un homme modeste, doux de caractère, bienveillant par nature, et apportant, dans ses relations, avec ses collègues, ces inappréciables qualités de courtoisie et de bonne humeur qui rendent toujours les rapports faciles et agréables. Vous venez de tracer, de votre prédécesseur, un portrait qui le fait revivre et auquel il n'y a rien à ajouter.

M. Arnaud était très studieux et fort instruit, et comme pour vous rendre encore plus son émule, c'était un collectionneur ardent et passionné. Mais, tandis que les livres sont l'objet de vos préférences, c'étaient les minéraux et les fossiles qu'il recherchait, qu'il classait, qu'il revoyait toujours avec bonheur, quand ses occupations professionnelles, dont comme vous encore il comprenait toute la responsabilité, lui en laissaient le loisir.

En vous comparant ainsi l'un à l'autre, on trouve, entre vous deux, bien des points de ressemblance. Ils justifient, mieux encore s'il est possible, les suffrages que nous vous avons donnés, et ils peuvent même nous procurer cette douce illusion, qu'en perdant M. Arnaud, nous ne l'avons pas perdu tout entier.

Aix, Imprimerie J. NICOT, 16, rue du Louvre. — 1815

www.ingramcontent.com/pod-product-compliance
Lightning Source LLC
Chambersburg PA
CBHW060944050426
42453CB00009B/1121